I0207031

SUR LA DATE
ET LE LIEU D'ORIGINE
DU
CONSULAT DE LA MER

PAR

LOUIS BLANCARD

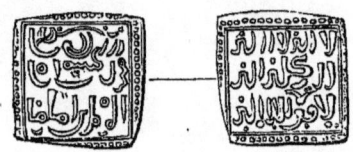

LE MILLARÈS

MARSEILLE

TYP. ET LITH. BARLATIER-FEISSAT PÈRE ET FILS

Rue Venture, 19.

1877

SUR LA DATE ET LE LIEU D'ORIGINE

DU

CONSULAT DE LA MER

I.

1. — De tous les recueils de lois que nous a légués le moyen-âge, il n'en est pas qui, par ses dispositions sages et libérales, ait plus vivement frappé les jurisconsultes que le *Consulat de la Mer*. M. Bravard le considérait comme *la législation médiævale la plus étendue, la plus complète et la plus équitable*; M. Pardessus, comme *la base des lois maritimes actuelles de l'Europe* (1), et Casarégis comme *un ensemble de coutumes qui avaient été universellement et inviolablement observées* (2). Je ne citerai pas d'autre appréciation de ce code, mais j'ajouterai que, parmi les nombreux écrivains qui en ont parlé, aucun, sauf l'allemand Hubner, n'a cru *l'expression trop forte pour peindre l'admiration qu'il lui inspirait et pour faire connaître l'autorité qu'il a obtenue dans tous les pays maritimes* (3). A l'appui de cette dernière assertion, on peut dire que le *Consulat* a été traduit en espagnol,

---

(1) Collect. des Lois mar., t. II, p. 1, n. 2.
(2) *Tanquam universalis consuetudo habens vim legis inviolabiliter*. Disc. 213, n° 12.
(3) Pardessus, loc. cit., t. II, p. 1.

en français, en italien, en allemand, en anglais et en hollandais. La faveur exceptionnelle dont le *Consulat de la Mer* a, durant plusieurs siècles, joui en Europe, il ne l'a due ni à la méthode de ses chapitres, qui se suivent sans ordre, ni au laconisme de ses dispositions qui, énoncées brièvement une première fois, sont reprises ensuite et développées avec des longueurs et des répétitions redondantes. Cette faveur, il l'a due à des qualités d'un ordre supérieur à celui de la forme, à l'esprit humanitaire et large qui éclate en chacune de ses pages.

Une des règles fondamentales de ce code nautique est la participation de tous les intéressés aux principaux actes du bord.

Le patron du navire, *lo senyor de la nau*, héros du *Consulat*, âme des conventions, chef exécutif de la famille flottante, n'est jamais à son bord un maître absolu. Si le pilote, inepte ou traître, si le matelot coupable d'une triple faute en terre ennemie, méritent la peine de mort, le patron n'a le droit de la prononcer qu'avec l'assentiment de tout l'équipage. Cet assentiment ou celui des marchands est même nécessaire en des cas beaucoup moins graves : si le patron veut faire échouer son navire pour sauver les marchandises ; si, la bourrasque survenant au milieu du déchargement, il se résout à établir la solidarité des risques de tous les éléments de la cargaison ; si, avant le fort de la tempête, il croit utile de faire un jet à la mer ; enfin, s'il prend une de ces mesures qui peuvent compromettre les existences ou les intérêts confiés au navire.

On voit par la prescription imposée au patron de ne rien faire d'important, surtout en matière criminelle, sans l'approbation de son entourage, que le *Consulat* se défie de ce chef, de sa conscience et de sa science. Il y a, dit le code, des patrons inintelligents ; il y en a qui ignorent où est l'avant, où est l'arrière du navire et ce qu'est la mer et ce qu'elle n'est pas, et il serait mal que la vie d'un homme dépendît de leur caprice ou de leur ignorance : *Hi a senyor de naus qui sont rasos de seyn, et molt senyor de nau ne saben que deu anar davant ne que detras, ne saben que s'vol dir la mar ne que non, et per ço seria mal fat que hom fos mort per assalt, o en coneguda tant solamen del senyor de la nau* (1).

A côté de cette défiance à l'égard du patron, du chef de navire, le *Consulat* devait naturellement manifester son estime pour le marchand, pour le matelot. Il le fait à l'occasion de la dispense qu'il accorde au matelot d'exécuter un voyage promis, si le navire change de maître, car, dit le Code, *molt bon home ira per mariner e sera mercader et honrat hom* (marchand et honoré) ; *et vendra algun hom qui sera vila et haura diners* (vil et riche), *et lo bon hom non volra navegar ab ell* (2). Cette bonne opinion que le *Consulat* avait du matelot, le matelot l'avait parfois de lui-même à un point que, malgré toute son indulgence, le Code ne peut s'empêcher de trouver excessif, *car molt mariner cuyda valer tant que li es semblant que le senyor de la nau ne lo noixer* (maître d'équipage), *ne hom qui en la nau sia, non hais ne valega tant com ell* (3). Mais cette suffisance du matelot n'empêche point le *Consulat* de le protéger contre le patron, c'est-à-dire de défendre le faible contre le fort. Dans toutes les circonstances où elle peut être utile, cette protection apparaît ; je pourrais en donner bien des preuves, je me bornerai à en citer deux. Si le matelot, pris de querelle avec son patron, s'arme pour le frapper, l'équipage doit le saisir et le mener devant des juges, mais le patron ne peut pas se faire justice lui-même (4); et si le patron, veut de son côté, frapper le matelot, le *Consulat* ouvre tout

---

(1) Pardessus, loc. cit., ch. CCV, p. 251.
(2) Ch. LXXVIII, p. 153.
(3) Ch. CXXIV, p. 148.
(4) Ch. LXVIII, p. 145.

à coup à son protégé, dans un coin du navire, derrière la chaîne de la proue, un asile que le patron ne peut franchir impunément (1).

Comment se fait-il que, malgré la sollicitude extrême du *Consulat* pour le matelot et son égale sévérité pour le chef du navire, les capitaines marins de la Méditerranée aient adopté unanimement ce Code, et qu'ils en aient fait, jusqu'aux derniers siècles, le guide de leur conduite et la règle de leurs actes ? La force de l'équité est-elle parfois tellement grande qu'elle s'impose à ceux-là même à qui elle peut nuire? Du reste, sa prédilection pour le simple marinier ne fait oublier au *Consulat* aucun des membres de chacun de ces petits états flottants qui sillonnaient les mers au gré des eaux, à l'abri des traités et des lois et à la garde de Dieu.

2. — Le *Consulat* ne porte la mention d'aucun lieu d'origine, d'aucune date. Il en résulte que plusieurs villes, parmi lesquelles Marseille, ont élevé des prétentions à sa paternité, et que des auteurs de mérite en ont fait remonter la date au XI° siècle, tandis que d'autres l'ont fait descendre à la fin du XIV°.

Je me propose de prouver, en m'appuyant sur les expressions monétaires employées dans le texte, que le *Consulat* est du XIII° siècle et de Barcelone. Capmany, l'un des auteurs les plus instruits qui aient traité le sujet, a émis cette dernière opinion, mais il ne l'a pas accompagnée de preuves, de telle sorte que des hommes aussi distingués par leur conscience que par leur savoir, se sont justement crus en droit de ne point la partager. Capmany, attribuant à sa propre ville, à Barcelone, le *Consulat de la mer*, a paru, de prime abord, suspect, et je comprends très bien qu'un esprit sérieux et patriote, tel que M. Pardessus, ait résisté volontiers à des inductions qui,

(1) Ch. CXX, p. 146.

tout ingénieuses qu'elles étaient, ne reposaient pas sur un fait indéniable. Cependant, avec une franchise qui l'honora autant qu'elle coûta à son cœur, le célèbre éditeur de la *Collection des lois maritimes* « ne pût s'empêcher de déclarer que « quoique Français, « quoique porté par des sentiments de reconnais- « sance à faire valoir tout ce qui est en faveur de « Marseille (dont il avait été le député), il reconnais- « sait franchement que des probabilités l'emportaient « en faveur de Barcelone » (1).

Comme à M Pardessus, il m'en coûte d'être de cet avis : les probabilités le lui conseillaient ; la conviction me l'impose. Je donnerais les motifs de mon sentiment après avoir démontré que le *Consulat* est du XIII° siècle.

II.

DATE DU CONSULAT.

L'opinion la plus générale est que le *Consulat* remonte au XI° siècle : Casarégis, Boucher, Heeren ont accepté et préconisé cette opinion qui repose sur ce qu'on est convenu d'appeler la *liste des acceptations*; je vais revenir sur ce célèbre document. M. Pardessus croit que le *Consulat* est postérieur à 1340, parce qu'il contient des dispositions qui se trouvent dans une ordonnance de Pierre IV et de cette année. Capmany est d'avis que le *Consulat* est antérieur à 1283, et il se fonde sur une charte de cette date qui fait mention des *Coutumes de la mer*, titre primitif du *Consulat*. Enfin, une tradition ancienne, à laquelle ont adhéré des savants de tous les pays,

(1) T. II, p. 24.

Vinnius, Mornac, Gibelin, Giannone, l'avocat-général Servin, prétend que la confection du *Consulat* eut lieu sous le règne de Saint Louis (1226-1270).

La *Liste des acceptations* du *Consulat* par les grandes puissances d'Europe commence par celle du pape Urbain, en 1096, et se termine par celle de Jacques Ier, roi d'Aragon, en 1270. Elle comprend, à la date de 1162, l'acceptation de Marseille sous le podestariat de Jaufre Antor ou Antoix. A cette époque, Marseille n'avait pas encore substitué les podestats aux vicomtes, et c'était le vicomte Raimond Geoffroy qui possédait la ville. L'acceptation de Marseille est donc fausse. Capmany, Jorio et M. Pardessus avaient déjà prouvé ce fait ainsi que la fausseté de la plupart des autres acceptations, et ils en avaient conclu que la liste entière était fausse. On verra par ce qui suit que leur critique est fondée, sauf, peut-être, quant à la date de l'acceptation du roi d'Aragon (1270).

Je passe à l'opinion de M. Pardessus, d'après laquelle le *Consulat* est postérieur à 1340. Comme, de l'avis de M. Pardessus lui-même, ce code a subi, à plusieurs reprises, des additions et des modifications, avouées, du reste, par les derniers rédacteurs du *Consulat*, à propos du chapitre CXXIV, qui fut élucidé, disent-ils, par leurs ancêtres: *Los nostres antichs antecessors esclarexen aquest capitol* (page 147)(1); rien ne s'oppose à ce que certaines de ces additions soient postérieures à 1340, mais rien aussi, à ce que la rédaction primitive du *Consulat* ait été faite au XIIIe siècle. Ceci est le sentiment des partisans de la tradition, qui ne l'appuyent, il est vrai, sur aucun texte ; c'est, en outre, l'opinion de Capmany qui, l'ayant étayée par l'ordonnance de 1283, lui a donné le caractère d'une juste probabilité ; c'est enfin ma conviction, et j'ai hâte de dire sur quoi je la fonde.

---

(1) L'édition à laquelle je me réfère, est toujours celle de M. Pardessus : *Coll. des Lois maritimes*, etc. t. II.

J'ai publié ici même (1) une étude sur le *Millarès*, dans laquelle, après avoir défini cette monnaie d'imitation arabe, j'ai indiqué les dates successives où la monnaie originale cessa d'être frappée dans les États successivement enlevés à la dynastie qui la faisait battre. Or, la monnaie originale, le dirhem carré, ayant été, pour la dernière fois, fabriquée en 1269, la monnaie d'imitation n'eut, dès ce moment, plus de raison d'être. Revenant alors parmi les chrétiens, elle fut reçue par quelques populations, comme espèce, non de cours, mais de change. On la trouve mentionnée à ce titre, en 1282, dans une charte d'Evenza, où la monnaie courante était le royal de Valence. Les Arabes de Barbarie et d'Espagne reçurent couramment le millarès à partir du commencement et pendant les deux premiers tiers du XIII° siècle et quelques années ensuite, en toutes leurs transactions commerciales avec les chrétiens.

Il faut déduire de ces considérations que, si l'expression monétaire la plus usitée du *Consulat* est le millarès ou son multiple le *besant* (monnaie de compte valant 10 millarès), le *Consulat* a été rédigé alors que le millarès avait cours, c'est-à-dire pendant les deux premiers tiers du XIII° siècle ou peu après.

Or, il en est précisément ainsi : l'expression monétaire la plus usitée du *Consulat*, c'est le besant et le millarès ; on l'y trouve répétée *quatorze fois*. Le sou et la livre n'y sont mentionnés que *douze fois*.

Ce n'est pas tout. L'expression de sou et livre n'est jamais définie ; une seule fois, le nom topique de la monnaie est venue sous la plume du rédacteur, et pour cause : il s'agissait de fixer un prix, mais cette fois, par oubli ou erreur du copiste, le terme métrique, le terme de sou ou de livre est resté sous-entendu. Dans tous les autres cas, les expressions de

---

(1) *Sémaphore de Marseille*, 1876, n°⁵ 14,793 et 14,825. La présente notice a paru dans le même journal, n°⁵ 15,051, 15,107 et 15,120.

sou et livre équivalent à une formule de proportion, sans indication d'espèce monétaire.

Tout au contraire, le millarès est une monnaie parfaitement spécifiée, et le besant, auquel on le rapporte, ne peut être que son multiple, car le rapport du millarès au besant est, dans le *Consulat*, proportionnel comme celui du sou à la livre.

On pourrait objecter que le besant du *Consulat* n'étant pas accompagné de la désignation du métal, il s'agit d'un besant d'or, tandis que le besant de millarès était d'argent.

A cela je répondrai que le besant d'or, nommé dans les chartes tantôt *besant du Gharb*, et tantôt *obole de l'Émir*, aurait donné une valeur trop forte à la seule marchandise que le Consulat évalue en besants.

Cette marchandise est le vin.

Le *Consulat*, dans sa sollicitude pour le matelot, indique quelle doit être sa nourriture: de la viande, trois fois par semaine; tous les jours un plat cuit; tous les soirs, un plat de collation froide : oignon, fromage ou poisson ; et avec cela du vin ordinaire, si la millerole ne vaut pas plus de 3 besants 1|2, ou, à défaut, du vin fait avec des raisins secs ou des figues, si la millerole n'en coûte pas plus de 30 millarès (1).

Or, le poids du millarès étant d'environ 1 gr. 40, son titre de 10/12 d'argent et sa valeur intrinsèque de 0 fr. 26 (2), les 30 millarès, prix d'une millerole de vin de figues ou de raisins secs, doivent être évalués à 7 fr. 80.

A ce compte, la millerole de vin ordinaire, tarifée au maximum de 3 besants 1/2 (de millarès) aurait valu 9 fr. 10, prix acceptable, quoique très-élevé pour l'époque.

Mais s'il s'était agi de besants d'or au lieu de besants de millarès, la millerole de vin ordinaire eût

---

(1) Ch. 1, p. 133.

(2) Au lieu de 0 fr. 25 indiqués dans mon article sur cette monnaie.

coûté, au XIIIme siècle, à 4 fr. 77 le besant, environ 16 fr., c'est-à-dire autant qu'aujourd'hui, ce qui est inadmissible.

Le besant du *Consulat* est donc celui de millarès, et le millarès, la monnaie qui avait cours sur les côtes fréquentées par les marins dont le *Consulat* était la loi.

La rédaction de cette loi date, en conséquence, de la partie du XIIIme siècle pendant laquelle le millarès courut, c'est-à-dire les deux premiers tiers de ce siècle accrus de quelques années.

Pour bien expliquer ce dernier point, j'ajouterai que les expressions monétaires usitées dans le *Consulat* ne permettent pas d'en faire descendre la rédaction bien au-delà de 1269, car en 1282, le millarès avait cessé d'être une monnaie de cours, même en Aragon, et n'y était plus qu'une monnaie de change.

3. — Après avoir établi avec certitude, par les données monétaires, que le *Consulat* appartient au XIIIe siècle, j'ai pensé qu'on pouvait arriver, par l'examen des textes de cette époque, à préciser davantage la date de rédaction de ce code (1).

En abordant ce terrain, il faut commencer par dépouiller le *Consulat* de son nom ordinaire qui a été pour la première fois officiellement employé dans une ordonnance Barcelonaise de l'année 1435 (2).

Jusqu'alors, le *Consulat* avait conservé dans les actes, sinon dans l'usage, son titre primitif qui, du reste, figure encore, soit dans les manuscrits, soit dans les imprimés, en tête de ses chapitres.

Ce titre est : *Les bonnes costumes de la Mar.*

---

(1) Dans cet examen, j'ai été amené à me servir de quelques-uns des arguments de Capmany, mais il en est d'autres qui avaient échappé au savant critique espagnol et n'ont pas encore vu le jour.

(2) Pardessus, coll., t. II, p. 40 et t. v. p. 487.

On ne trouve nulle part, au XIII`me` siècle, la mention d'un code nommé *Consulat ;* il n'en est pas de même des *Coutumes de la Mer.*

En 1283, le roi Pierre III d'Aragon créa les consuls de mer de Valence ; et, en 1284, il leur adjoignit un juge d'appel. Un statut, de quelques années postérieur à l'institution de ces magistrats, y règle le mode de leur nomination ou plutôt de leur élection, à laquelle par leurs votes prenaient part tous les marins de la ville ; il énumère ensuite les attributions diverses de ces consuls de mer et leur donne la connaissance de toutes les questions de nolis, chargements, parts d'intérêt, ventes publiques et dettes du navire, des gages de matelots, du jet, des épaves, et, enfin, de la commande et de tous les autres contrats spécifiés dans le livre des *Coutumes de la Mer,* « *e géneralment de tots altres contrats, losquals en los* Costumes de Mar *sont declarats.* (Chapitre XXII).

Après avoir attribué aux consuls et juges de Valence la connaissance de tous les cas prévus par les *Coutumes de la Mer,* le statut enjoint à ces magistrats de juger conformément aux dispositions de ce code : *Les sentencies que par los dits consols et jutge son donades, se donen per los* Costumes scrites de la Mar, *e segon que en diversos capitols de aquelles es declarat.* (Ch. XLI.)

Il est donc constant que les consuls de mer établis à Valence en 1283, n'eurent d'autre code que les *Coutumes de la Mer.*

On ne pourra pas objecter que, le règlement des attributions des consuls Valençais étant postérieur à 1283, il en est de même des *Coutumes de la mer* auquel le règlement se réfère, car l'ordonnance d'institution du juge d'appel, en date de 1284, lui prescrit de conformer ses décisions à ces coutumes : *Secundum Consuetudinem et usum maris* (t. V, p. 374, note 3), et l'ordonnance même de création des consuls à la date de 1283, soumet ces magistrats à pareille obligation : *terminant côntractus et dissenssiones inter homines maris et mercatores que juxta Consuetudinem maris fuerint terminande.* (t. II, p. 25). Cette dernière charte prouve, en outre, que les *Coutumes de mer* avaient, à la date de 1283, force de loi depuis plusieurs années, car elle porte que les différends entre marchands et marins doivent être jugés à Valence conformément aux *Coutumes de mer* comme il est d'usage de le faire à Barcelone : *juxta Consuetudinem maris fuerint terminande, prout est in Barchinona fieri consuetum* (t. II, p. 25).

Les *Coutumes de mer* étaient donc en usage à Barcelone avant 1283. Ceci constaté, il est opportun, il est nécessaire d'indiquer à quelle époque cet usage a pris naissance.

C'est ce que je vais tâcher de faire.

Il existe, à la date de 1258, une ordonnance du roi Jacques 1er, qui est spéciale à Barcelone et contient, sur la marine et le commerce, des prescriptions nombreuses et importantes. Plusieurs de ces prescriptions sont semblables à celle que présente le Consulat, c'est-à-dire aux *Coutumes de la mer*. Il en est une surtout qui est tout à fait particulière aux *Coutumes* et à l'Ordonnance, c'est le *Comu*. Le *Comu est le nom d'un contrat inconnu à Marseille et à la plupart des villes de la Méditerranée, et désigné sous le nom de Colonne* dans la Table Amalphitaine, et aux termes duquel les mises de fonds d'associés étaient réunies *en commun*, et formaient une *colonne* d'apports dont l'exploitation en pays étranger amenait des pertes et gains que les sociétaires se partageaient entre eux, à la fin du voyage et au *prorata* des mises.

Le nom de *Comu* n'a été adopté pour la désignation de ce contrat que par l'Ordonnance de 1258 et les *Coutumes de la mer* : on ne le trouve en nul autre texte et ce fait suffirait à établir entre les deux documents un lien caractéristique. Ce lien n'est pas le seul, car l'esprit de l'ordonnance de 1258 est entièrement conforme à celui des *Coutumes de la mer* ; je me trompe, il en diffère en un point, celui du 21° et dernier article : cette différence, il est vrai, est essentielle, capitale.

Les *Coutumes de la mer* ont pour règle fondamentale que si toute décision grave doit être prise à bord, à la majorité des voix de tous les intéressés, marchands et matelots, l'éxécution appartient au patron.

L'article 21 de l'Ordonnance rapproche la décision de l'exécution, et les confie l'une et l'autre à deux délégués élus sur chaque navire, lesquels peuvent, selon les circonstances, subdéléguer leurs droits et leurs pouvoirs.

Il y a entre cette disposition de l'Ordonnance de 1258 et le principe fondamental des *Coutumes* une telle dissemblance qu'il est impossible d'admettre que les *Coutumes* et cette disposition aient eu simultanément force de loi, et il faut en conclure que les *Coutumes de la mer* n'étaient pas encore usitées à Barcelone en 1258.

Mais l'article 21 de l'Ordonnance de 1258 a-t-il été longtemps en vigueur ? Non, certes, car en 1266, le roi Jacques I" l'a implicitement annulé par une nouvelle ordonnance qui confère les attributions des délégués à des consuls sur mer dont l'élection fut, en même temps, accordée aux prud'hommes de Barcelone. Toutefois, en recevant le droit d'élire ces consuls, les prud'hommes n'en reçurent pas l'obligation. Un devoir ne leur fut pas imposé, mais un privilége accordé, et les prud'hommes n'en usèrent pas en toute circonstance, car le 74° chapitre des *Coutumes* prévoit le cas où le navire n'aurait pas de consul, *si consol non la en la nau* ; et le *Consulat* tout entier est rédigé comme si un pareil cas était, non pas l'exception, mais la règle.

Il ressort de ces considérations sur l'Ordonnance de 1258, le privilége de 1266, et l'Ordonnance de 1283.

que la rédaction des *Coutumes de la mer*, datée avec certitude du XIII° siècle par les expressions monétaires, est, en outre, postérieure à 1266 et antérieure à 1283.

III.

LIEU D'ORIGINE DU CONSULAT.

Le *Consulat* nous est parvenu dans une langue que les uns qualifient de romano-provençale (1) et les autres de catalane. M. Raynouard, le célèbre philologue, lui donna d'abord la première, puis, après un examen sérieux, la seconde qualification. Quoique l'opinion de M. Raynouard n'ait pas besoin d'être accompagnée de preuves, surtout à propos d'un livre qu'il avait assez étudié pour en avoir fait espérer la traduction, il m'a paru qu'un développement de ce genre ne pouvait que la renforcer.

Il était une *règle commune* à tous les dialectes romans ou provençaux, d'après laquelle le nominatif singulier du substantif masculin prenait l'S et le nominatif pluriel ne le prenait pas; On la nommait *la règle de l'S*. La ville de Marseille se donna, en 1228 des statuts fiscaux rédigés, les uns en latin, les autres en provençal; dans les derniers, on remarque l'application de la règle de l'S. La Commune y est nommée *Lo Communs*, quand elle régit la phrase, et *tout homme* et *tout bateau* apparaissent sous cette forme : *tot homs, tot lints*, que suit un verbe au singulier.

---

(1) « L'époque et le lieu où le Consulat fut rédigé nous sont inconnus; nous savons seulement qu'il fut écrit dans le moyen-âge en langue romano-provençale. » (Jourdan, *Notice manuscrite sur le Consulat*, p. 2.)

Rien de semblable ne distingue la langue du *Consulat* où l'S demeure, comme en français, l'apanage constant du pluriel.

Cette langue se distingue, en outre, du *provençal de Marseille* par une autre différence grammaticale tout aussi caractéristique que la première, la désinence plurielle des noms terminés en A au singulier.

Le provençal de Marseille conserve l'A au pluriel; dans la langue du *Consulat*, l'A se ferme et devient un E, de telle sorte qu'une somme de *quintalada*, de *convinença*, d'*ancora* (ancre) de *vianda*, (nourriture) s'expriment par *quintalades*, *convinences*, *ancores*, *viandes*.

Je pourrais multiplier ces exemples indéfiniment; je me bornerai à dire que l'article n'échappe pas à cette règle, et que LA, féminin de LO, devient au pluriel LAS, en provençal de Marseille, et LES, dans la langue du *Consulat*.

Les dissemblances lexicographiques de ces deux langues sont encore plus considérables que leurs distinctions grammaticales. Il s'ensuit que le *Consulat* est, pour un provençal, très malaisé à comprendre, et que la traduction en a coûté de longues années d'étude et d'une étude parfois malheureuse à ceux de nos compatriotes qui l'ont entreprise, tandis qu'aux termes nautiques près, elle fut faite sans peine et sans erreurs pour la *Collection des lois maritimes*, par M. Llobet, négociant catalan, qui y retrouva son idiôme natal. La rédaction que nous possédons du *Consulat* est donc Catalane: Il ne peut pas y avoir doute à ce sujet.

Mais cette rédaction en catalan est-elle la primitive, et, dans ce cas, en quelle ville de Catalogne cette rédaction primitive a-t-elle été faite? Ce sont là deux questions qu'il reste à résoudre.

En Catalogne et jusqu'à la fin du XIIIme siècle, la *coutume* diffère essentiellement de l'*ordonnance royale* par la langue.

L'ordonnance royale est toujours en latin, au XIIIme siècle, comme le prouvent le privilége royal concédé à Valence le 8 octobre 1243, l'ordonnance octroyée à Barcelone en 1258, la charte de 1266 relative à la création des consuls sur mer de Barcelone, celles qui créèrent, en 1283, les consuls de mer de Valence et en 1284 leur juge d'appel, etc.

La coutume est, au contraire, en catalan ; telle est celle de Valence de l'année 1250 ; tels sont les *Armements en course*.

Les *Armements en course*, qui sont actuellement joints au *Consulat*, forment une série de 37 chapitres, dans lesquels se trouvent énumérés les droits et les devoirs de tous les officiers qui, sous les noms d'amiral, de capitan, comite, nocher-major, d'écrivain, de roi des gens de service, consul, maîtres arbalétrier et charpentier, et de tous les hommes d'armes et d'équipage qui, sous la désignation de gonfaloniers, chaloupiers, gens d'attaque et d'abordage, timoniers, barbiers, gabiers, matelots de proue et de poupe, formaient, à eux tous, le personnel de ces escadres de corsaires qui, organisées et défrayées par des armateurs, sillonnaient alors la Méditerranée.

Chaque vaisseau de ces expéditions portait jusqu'à cinq cents et même mille hommes, dont un dixième formait l'équipage, tous allant à l'aventure avec la même âpreté et le même courage, parce qu'ils avaient tous part à la curée. Cette part n'était naturellement pas égale pour chacun, mais proportionnelle. La coutume des *Armements en course* en fixait les chiffres, en même temps que les salaires, avec une rigoureuse équité ; c'est là, du reste, le sentiment qui anime d'un bout à l'autre ce code singulier, et dans une certaine limite, en justifie l'adjonction au *Consulat*. Il suffira de citer de cet esprit une preuve, la suivante : Si l'amiral, dit la Coutume, promet au nocher ou maître d'équipage 1,000 morabotins en sus de ses dix parts, il doit les lui donner, pourvu que le maître soit capable et que le capitaine et l'écrivain aient entendu la promesse. Le sens véritable de cette prescription est que la promesse la plus folle pour qui la fait, la plus éblouissante pour qui la reçoit, doit être fidèlement observée ; en effet, 1,000 morabotins, qu'ils fussent de fabrique musulmane ou chrétienne, équivalaient à plus de 10,000 fr., somme trop forte, à l'époque, pour qu'un amiral pût songer à en faire la gratification d'un de ses subordonnés.

J'ai cité cet exemple, parce qu'il me permet de dater au plus tard du XIIIe siècle la coutume des *Armements en course*, le morabotin musulman ayant cessé d'avoir cours au XIIe, et le chrétien, celui d'Alphonse de Castille, au XIIIe siècle.

Le millarès est la monnaie usuelle des *Armements en course* ; son emploi est une preuve de plus qu'il faut les dater du XIIIe siècle.

Or, si la coutume de Valence de 1250, et si les *Armements en course* du XIIIe siècle sont rédigés en catalan, et si, au contraire, au XIIIe siècle, toutes les ordonnances sont en latin, s'il faut induire logiquement de ce fait que la langue vulgaire qui, au XIVe siècle, s'introduisit dans les ordonnances, ne servait au XIIIe siècle, qu'à la rédaction des coutumes ; s'il faut corollairement ajouter que les coutumes, rédigées en Catalogne, au XIIIe siècle, le furent en Catalan, il faut en conclure que la rédaction primitive des *Coutumes de la mer* fut catalane.

Ce point établi, il reste à déterminer la ville catalane où prit naissance le *Consulat*. Ce ne peut être que Valence ou Barcelone ; et, entre ces deux villes, si les probabilités étaient preuves, il faudrait choisir la dernière, car, en 1283, quand le *Consulat* fut donné pour code aux consuls de mer de Valence, il était depuis plusieurs années en usage à Barcelone. J'ai ci-dessus mentionné ce fait.

Mais une probabilité ne convainc pas, puisque Capmany n'a pas obtenu pleine créance pour l'argument que je viens de rappeler.

Il faut donc chercher ailleurs l'indication probante du lieu d'origine du *Consulat*.

Cette indication, je la trouve dans le prix auquel est taxé, dans ce code, le minimum du passage avec fret à destination du Levant.

Les gens qui voyageaient sur mer étaient, outre le marin, le marchand et le passager.

Le passager, pèlerin le plus souvent et parfois pauvre hère à la recherche d'un rivage hospitalier, n'était pas traité avec tous les égards que l'on a pour le voyageur de nos jours. D'après les *Statuts de Marseille*, qu'il fut de première ou de dernière classe, de château, de paradis ou de pont, il n'avait droit qu'à une place de 1 mètre 65 de long et de 0,65 de large : je me trompe, à la moitié de cette place, car on la divisait entre deux passagers, qui y couchaient la tête de l'un contre les pieds de l'autre. Joinville a passé une nuit de cette façon et s'en est souvenu en écrivant son livre, tant l'avaient suffoqué les pieds du bon comte Pierre de Bretagne, son camarade de place (1).

Le marchand — qui d'habitude accompagnait alors la marchandise exportée — était mieux installé à bord que le passager; la règle était même qu'il fut traité d'autant mieux qu'il payait plus de fret. D'après ce principe, il aurait pu y avoir un point où passager et marchand se confondissent, car le passager emportait toujours avec lui quelques provisions dont le prix de transport aurait égalé celui de certaines pacotilles, si l'on n'avait établi le minimum de ce qu'il faut entendre par passage avec fret.

Les *Pacta nautorum* de 1246 (2) fixent le coût du passage de Marseille en Orient, à 4 liv. de tournois ou 80 francs par personne, et du transport des provisions

---

(1) Joinville, *Histoire de St Louis*, édit. Nat. de Wailly, § 356, p. 194.
(2) Champollion Figeac, Doc. inéd., t. 1, p. 607.

à 3 s. de tournois (3 fr.) par quintal, soit de viande salée, soit de farine, et 2 s. de tournois (2 fr.) par millerole de vin. Les prix des *Pacta nautorum* sont très bas parce qu'ils avaient été établis en vue d'un nombre considérable et déterminé de passagers à transporter à prix réduit sur une flotte de vingt navires.

D'Espagne en Orient, le prix du transport ordinaire était naturellement plus élevé pour le passager et plus encore pour le marchand; car pour être considéré comme marchand, il fallait au moins accompagner 10 quintaux de marchandises et en payer le fret.

Ce minimum de passage avec fret est exprimé dans le *Consulat* par *vingt barcelles* (ch. XXXIII) (1).

Qu'était-ce qu'une *barcelle* ?

Etait-ce une monnaie du sytème arabe ?

Au XIII° siècle, les morabotins, musulman et catalan, et les mancus d'or de Catalogne (2) avaient à peu près disparu ; il restait encore le morabotin de Castille, nommé aussi alphonsin et croizat, parce qu'il portait le nom d'Alphonse VII et une croix ; il y avait, en outre, en fait de monnaie d'or, le denier des émirs Almohades ou doublon et leur obole ou masmodin, mais il n'y avait pas de *barcelles*. En fait de monnaie d'argent, il y avait le dirhem ordinaire et le millarès, mais pas de *barcelles*.

Etait-ce une monnaie du système hispano-chrétien? Ce système était celui des livre, sou et denier. La livre était une monnaie de compte et ne portait par

---

(1) Tous les imprimés portent (inexactement) *Barcelles* et il en est de même de l'un des deux manuscrits de la Bibliothèque nationale, coté 7806; sur l'autre, coté *fonds Cangé* n° 10236, on lit, au lieu de *Barcelles*, le mot *Besants* : Cette leçon-ci est absolument mauvaise, car on ne pouvait pas avoir fixé au même prix le passage avec fret pour l'Espagne et celui d'outre-mer.

(2) Cf., sur cette monnaie, M. de Longpérier, Rev. num. 1844. p. 278, et mon *Essai sur les monnaies de Charles 1er*, p. 195.

conséquent pas le nom de *barcelle*, car on ne donnait un nom spécial qu'à la monnaie effective. En outre, cette même livre était nommée *livre barcelonaise* à Barcelone, et *livre de royaux Valençais* à Valence. Le sou était une monnaie effective, mais a-t-il été désigné par le nom de *barcelle* ? Les actes prouvent qu'il ne l'a pas été, puisqu'ils nomment *royal valençais* le sou de Valence et *barcelonais* celui de Barcelone ; la comparaison des textes prouve qu'il ne pouvait pas l'être. En effet, pour qu'un sou fut nommé *barcelle*, il aurait fallu que la *barcelle* eût la valeur du sou, c'est-à-dire que le passage avec fret d'Espagne en Orient, fixé à 20 barcelles, n'eût coûté que 12 à 14 francs (contrevaleur de 20 sous de Valence et de Barcelone) (1). Mais comment le passage avec fret d'Espagne en Orient n'aurait-il coûté que 12 à 14 francs, lorsque le simple *passage à prix réduit* de Marseille en Orient en coûtait 80 ?

Le terme de *barcelle* n'avait donc pas, tel quel, de signification monétaire au XIII° siècle, et pour lui en donner une qui soit acceptable, il faut le modifier ou le compléter, sans omettre toutefois de le considérer comme le déterminatif d'une monnaie catalane, puisque le code est catalan. S'il en est ainsi, qui ne voit de suite que *barcelles* est l'abréviation de *Barcelonaises* plutôt que de *Royales valençaises* et qui hésiterait dès lors à rapporter ce qualificatif à Barcelone plutôt qu'à Valence ?

Mais si le *Consulat* compte le prix du fret, pour l'Orient, à partir de Barcelone, c'est que le point de départ du voyage d'outre-mer était Barcelone quand

---

(1) Le sou Barcelonais, si je ne me trompe, portait au XII° siècle le nom de *Marqueso* (1139) et valait la 50° partie d'un marc d'argent fin (Bibl. nat. n° $\frac{10216}{2}$, f° 31.) En 1258, d'après Bosch, cité par Duby (t. II, p. 280), le sou Barcelonais fut fabriqué à la taille de 72 au marc et au titre de 7/8 de fin.

fut rédigé le *Consulat* ; c'est que le *Consulat fut rédigé à Barcelone*.

Un mot a été oublié par le copiste du manuscrit qui a servi aux éditions que l'on possède du Consulat. Ce mot est celui que doit qualifier *barcelle*. J'ai prouvé que ce n'était pas le sou : c'était donc la livre. La livre barcelonaise valant 14 francs, le minimum du fret de Barcelone à Alexandrie, Acre et en Arménie, fixé à 20 livres barcelonaises, équivalait donc à 280 francs.

Le passage avec fret de Barcelone pour le reste de l'Espagne et la Barbarie, était fixé à 20 besants (de millarès) c'est-à-dire à 52 francs.

On pourra être étonné que le prix du fret soit exprimé en besants de millarès quand il s'agit de la Barbarie, et en monnaie barcelonaise quand il s'agit de l'Egypte, d'Acre et de l'Arménie qui était également musulmans. Cela tient à ce que le millarès, imitation d'espèces berbères, n'avait pas cours en Orient, et que Barcelone n'avait pas encore, avec cette partie du monde, des relations commerciales telles, que la monnaie en fût suffisamment connue et abondante sur le marché de change barcelonais.

Ce dernier état de choses fut modifié à la suite de l'établissement du consulat barcelonais à Alexandrie, mais lors de la rédaction des *Coutumes de la mer*, cet établissement était trop récent (il datait de 1266), pour que le marché de Barcelone en eût déjà ressenti l'influence.

IV.

En terminant mon *Etude*, je dois rendre hommage à la perspicacité de Capmany, dont les hypothèses sur la date et l'origine du *Consulat* se trouvent, si je ne me trompe, confirmées, et à l'esprit élevé et judicieux de M. Pardessus qui, malgré son désir de conserver à la France la paternité d'une œuvre admirable, n'a pas hésité, après examen, à apprécier avec faveur l'attribution du savant espagnol. Cette élévation, cette droiture d'esprit, font d'autant plus d'honneur à l'ancien député de Marseille, que l'opinion attributive de Capmany semblait inspirée par un sentiment louable sans doute, mais préconçu, auquel on était en droit d'opposer énergiquement, en l'absence de preuves, l'expression d'un sentiment analogue. Or, la science ne progresse pas sous de telles impulsions : il faut qu'elle s'y dérobe si elle veut conserver son essence, à plus forte raison si elle veut rechercher avec fruit la vérité pour laquelle il n'est pas de sacrifices illégitimes et de respect trop absolu.

www.ingramcontent.com/pod-product-compliance
Lightning Source LLC
Chambersburg PA
CBHW070527050426
42451CB00013B/2885